This is Pollock

Catherine Ingram
Illustrations by Peter Arkle

图书在版编目（CIP）数据

这就是波洛克 /（英）凯瑟琳·英格拉姆著；（英）彼得·阿克尔插图；殷俊洁译．
—北京：北京联合出版公司，2017.1（2021.12 重印）
ISBN 978-7-5502-9037-2

Ⅰ．①这… Ⅱ．①凯…②彼…③殷… Ⅲ．①波洛克（Pollock, Jackson 1912-1956）—生平事迹 Ⅳ．① K837.125.72

中国版本图书馆 CIP 数据核字（2016）第 263242 号

书名原文：This is Pollock

Text © 2014 Catherine Ingram. Catherine Ingram has asserted her right under the Copyright, Designs, and Patents Act 1988, to be identified as the Author of this Work.
Illustration © 2014 Peter Arkle
Series editor: Catherine Ingram
Translation © 2016 Ginkgo (Beijing) Book Co., Ltd.
This book was produced in 2014 by Laurence King Publishing Ltd., London. This Translation is published by arrangement with Laurence King Publishing Ltd. for sale/distribution in The Mainland (part) of the People's Republic of China (excluding the territories of Hong Kong SAR, Macau SAR, and Taiwan Province) only and not for export therefrom.
本书中文简体版权归属于银杏树下（北京）图书有限责任公司。

这就是波洛克

著　　者：[英]凯瑟琳·英格拉姆
插　　图：[英]彼得·阿克尔
译　　者：殷俊洁
出 品 人：赵红仕
选题策划：后浪出版公司
出版统筹：吴兴元
编辑统筹：蒋天飞
责任编辑：李　伟
特约编辑：张丽捷
营销推广：ONEBOOK
装帧制造：墨白空间·陈威伸

北京联合出版公司出版
（北京市西城区德外大街 83 号楼 9 层　100088）
华睿林（天津）印刷有限公司印刷　新华书店经销
字数 80 千字　720 毫米 × 1030 毫米　1/16　5 印张　插页 8
2017 年 3 月第 1 版　2021 年 12 月第 2 次印刷
ISBN 978-7-5502-9037-2
定价：60.00 元

后浪出版咨询(北京)有限责任公司　版权所有，侵权必究
投诉信箱：copyright@hinabook.com　fawu@hinabook.com
未经许可，不得以任何方式复制或者抄袭本书部分或全部内容
本书若有印、装质量问题，请与本公司联系调换，电话 010-64072833

这就是波洛克

［英］凯瑟琳·英格拉姆——著
［英］彼得·阿克尔——插图
殷俊洁——译

北京联合出版公司
Beijing United Publishing Co.,Ltd.

杰克逊·波洛克（Jackson Pollock）如他的朋友威廉·德库宁（Willem de Kooning）所言，看着像"加油站的加油工"。他眼神空洞，避免与人目光接触。性格执着的他局促不安，认为交谈令他烦恼。人们小心提防着他。无可救药的是他常常喝得烂醉。

波洛克醉汉似的怪诞行为引发出的流言甚嚣尘上。这位艺术家被设想为鲁莽的牛仔形象——"垮掉的一代"的原型。他在世时，美国杂志醒目地刊登着他的怒气冲冲的照片。波洛克痛恨自己的公众形象，却又不断地用更多的恶行满足流言编造者的胃口。

波洛克的艺术生涯需要和这条坏男孩的故事线划清边界。他的标志性滴画（drip painting）实际上创作于戒酒期间，那时他和妻子在远郊长岛的农场里，过着平凡的生活。这张照片拍下了波洛克在工作室里的情形。他蹲在地板上，慢慢地混合罐子里的颜料，准备开始创作。波洛克画画时会变得十分专注。这个木讷、粗笨的男人以优雅的动作，画出精致、流动的艺术品。

1871年，诗人沃尔特·惠特曼（Walt Whitman）写道："美国需要大胆、现代、包容万物的诗歌艺术，如她自身一般。"波洛克的巨幅滴画反映了一种独特的美国视野。即使过了60年后，它们依旧如此大胆而现代。

一股未知的力量：战后美国

第二次世界大战末期，美国民心萎靡不振，社会理论家德怀特·麦克唐纳（Dwight Macdonald）将这种反应归因于战争的"欺骗性"。美军士兵走进纳粹集中营亲眼见证了惨状，然而盟国的胜利却被广岛和长崎的核爆炸笼罩上阴影，胜利似乎终将付诸东流。美国飞行员向那些地方投下了"小男孩"和"胖子"两枚核弹，释放出的毁灭性放射物质彻底破坏了城市的面貌，并造成20余万人死亡。轰炸广岛后返航的副驾驶罗伯特·刘易斯（Robert Lewis）问道："我们都做了些什么？"

在如此多变的时期中美国迎来了经济的突飞猛进。历史学家哈罗德·瓦特（Harold Vatter）将国内外市场的繁荣景象描述如下：

> 随着美国持续发展为消费社会，汽车、电视机和家用电器从流水线上源源不断地生产出来……特别是[诸如]美国的跨国公司，大大增强了参与全球经济的力度……

超级大国迅速崛起，这意味着其他一切都必须奋起直追，"美好新世界"需要一个有凝聚力的国家认同。人们对政治局面心灰意冷，指望远见卓识者出现。麦克唐纳自己将希望寄托于艺术家和知识分子重振人类信念的能力上。

长崎上空的原子弹，
1945年8月9日
美国空军档案

美国艺术

美国艺术界缺乏自信,长期以来如变色龙般不断受到外来影响。20世纪30年代的大萧条时期,许多艺术家依靠苏维埃共产主义,形成了拥护共产主义理想的社会现实主义艺术。尽管如此,随着10年光阴缓缓流逝,支持者的幻想因约瑟夫·斯大林的苛政和他决定与法西斯德国签订条约而破灭。

美国总统富兰克林·德拉诺·罗斯福的新政也同样让艺术家们更加沮丧失望,新政旨在为国家摆脱经济萧条,却变成了一场官僚闹剧。1935年公共事业振兴署(WPA)成立后,艺术家可以报名参加,每月领取15美元至90美元的薪水。其目的虽是创作公共艺术,但作品经常在储藏室堆积成山,随后被丢弃。1941年的一次清理中,650件WPA收藏的水彩画被焚为灰烬,其中12件是杰克逊·波洛克的作品。

然而此时的纽约艺术界热闹非凡。艺术家巴尼特·纽曼(Barnett Newman)形容1940年是"赤裸裸的革命时刻"。接下来的几年里会出现一种被称为抽象表现主义(Abstract Expressionism)的崭新艺术形式,新闻界将推选杰克逊·波洛克为该群体的领军人物和"惊世骇俗的天才"。

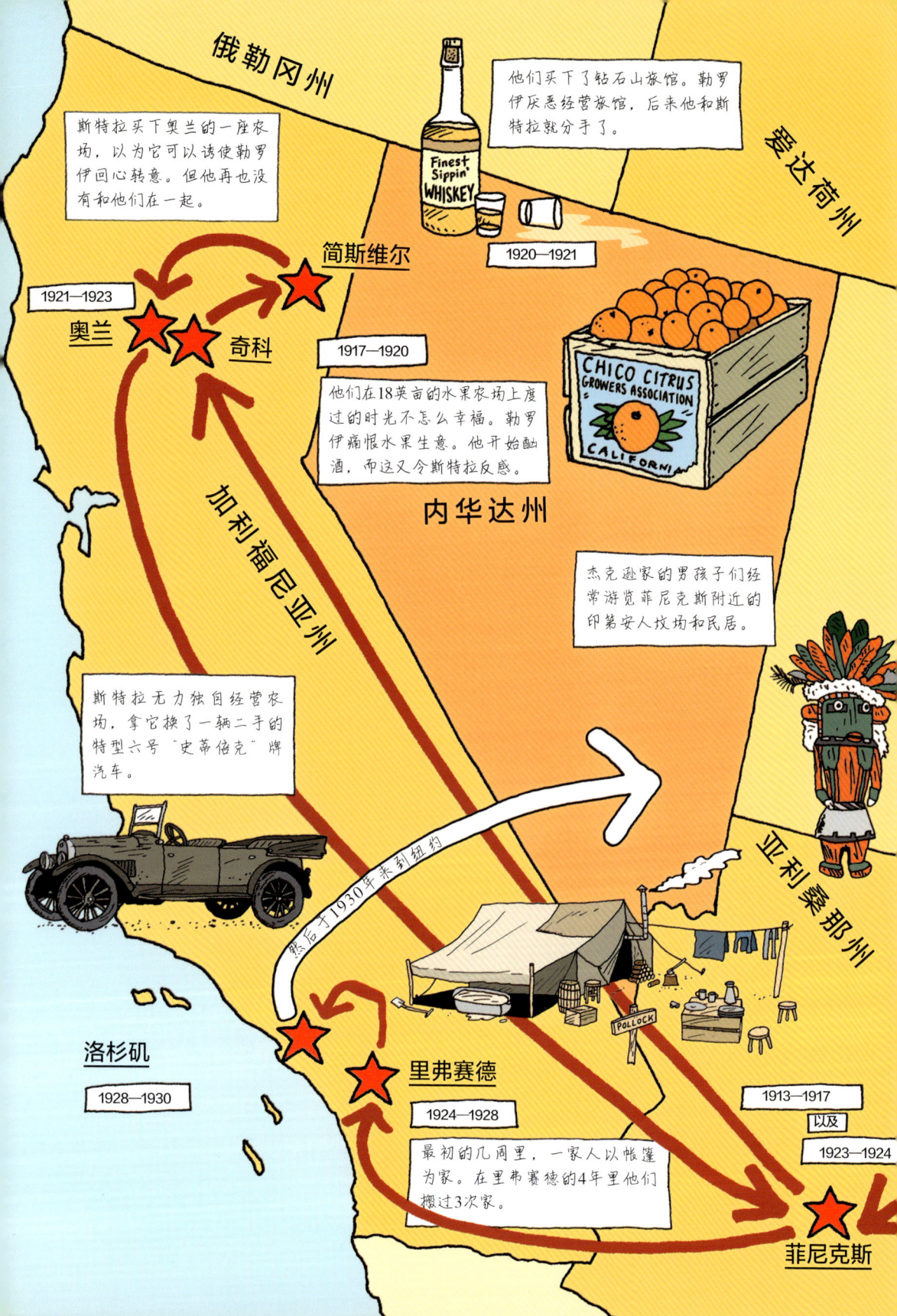

所有母亲皆巨人。

——杰克逊·波洛克

史密森学会（Smithsonian Institution）的档案中有一些波洛克童年时期的照片。其中一张照片是强壮的斯特拉把孩子横抱于腰间，大步走过某种农用机器和鸡群。杀鸡是斯特拉的工作。她的能力使她在家中令人望而生畏。后来成为波洛克妻子的李·克拉斯纳（Lee Krasner）描述了她与"母亲"的初次见面：

> 她的厨艺征服了我，她准备的菜肴如此丰盛，我从未见过。她烹饪每一顿晚餐，烘烤面包，花式多样到让人不敢相信。我想妈妈是可怕的……我花了相当长的时间才意识到为何波洛克与他母亲之间存在问题。你看，那时我根本没想到杰克逊酗酒的那段日子与他母亲的到来有关。

斯特拉成长的年代，正是美国的主要铁路修建之时。根据社会理论家马歇尔·麦克卢汉（Marshall McLuhan）的说法："铁路急速地改变了个人眼界和社会相互依赖的模式。它滋生并助长了美国梦。"下一条边境线外的生活会更好的观念，驱使着斯特拉在西部四处旅行。她举家搬迁到奇科，就因读了时尚杂志上的一篇文章，此文描述了一个"路边绿树成行"的小镇。做裁缝的她，重视外表，还把她的农场男孩们改造成衣着精致的年轻人。对于常因初来乍到而受人欺负的波洛克来说，这让他更加扎眼了。

缺位的父亲——勒罗伊

勒罗伊逃避现实，嗜酒如命。他的儿子们认为他是个性情敏感之人，他们在写给他的信中谈论文化和政治。杰克逊15岁时，勒罗伊带着他和哥哥桑福德（Sanford，桑德Sande）进行穿越大峡谷（Grand Canyon）的公路旅行。这张照片拍下了他与几乎完全缺席他们生活的父亲共处的少有光景。父亲垂腿坐在悬崖边缘，杰克逊坐在他身后，眺望落基山脉（Rocky Mountains）。历史学家认为波洛克的巨大画幅反映了西部风景的规模与开阔。

旅途中，勒罗伊和男孩们花了一些工夫考察峡谷北边路段的新路。据桑德说，杰克逊很喜爱这项劳动。波洛克被形容为"天生自带超大引擎"，劳动对于他来说是一种放松，成年后他承认："绘画不是难题，难的是你没画画时做什么。"最让波洛克感到快乐的是马力全开：20世纪40年代住在长岛的最初几年，他一幅接一幅地创作作品，同时还翻新了房子，搬了工作室，并翻整了土地。

杰克逊和勒罗伊·波洛克，
大峡谷，1927

手工艺术高中，1928—1930

杰克逊在洛杉矶上了两三年手工艺术高中（Manual Arts High School），后来由于嘲弄体育老师而被开除。不过，总体来说这是一段积极的经历。波洛克爱戴的美术老师弗雷德里克·施万克夫斯基（Frederick Schwankovsky）成了他的行为榜样。他也像他的老师一样蓄起了长发，吸取了老师的共产主义理想。施万克夫斯基对待课程十分严肃，坚持要他的学生认真学习绘画，并且多少有些引发争议地雇用真人模特。

让人感觉意外的是，波洛克并非显而易见的艺术奇才。他的创作不是一帆风顺，他清楚地知道自己的缺点所在："坦白地说，我的画烂透了，看起来没有自由和韵律，冰冷又没活力。"他的哥哥桑德坦率地说："如果你见过他的早期作品，你会说他应该去打网球或当个水管工。"

克里希那穆提

1928年，施万克夫斯基邀请国际著名的灵魂导师克里希那穆提（Jiddu Krishnamurti）给他的学生讲课。从此以后，波洛克开始参加位于奥哈伊山谷（Ojai Valley）的克里希那穆提胡椒树疗养院举办的集会。传记作者德博拉·所罗门（Deborah Solomon）解释道："不难理解波洛克对克里希那穆提的认同，后者是一个温和、敏感的异教徒，从作品看，他年少时并不幸福，他决定寻找一个能让自己全身心投入的目标，任何目标都可以。"

克里希那穆提给不再抱幻想的人们演讲。他为西方听众提炼了东方思想的精华，向每个人宣扬隐居的观点。克里希那穆提认为只有独处方能使人思维明晰、自省，感受自然世界的全部光辉："植物、动物、树林、天空、河水、飞鸟"。虽然波洛克很快告知他的哥哥们"目前我放弃了宗教"，数年后他依然在谈论克里希那穆提。也许正是在克里希那穆提哲学思想的引导下，波洛克决定离开喧嚣的纽约，前往长岛沼泽地上的农场。他绘画的标志性阶段（在长岛的宁静中形成）也以感悟自然为前提。

美国式的小屋

人类对隐居生活的追求历来已久，但是对于美国——一个新世界——来说，它具有关乎国家信心的政治意义。它还与超验主义者有着密切联系，他们认为在大自然中自给自足能使人获得真正的精神洞察力。在1837年一篇名为《美国学者》的演讲稿中，这场运动的领导者拉尔夫·沃尔多·爱默生（Ralph Waldo Emerson）呼吁美国不要再向欧洲看齐，而是寻找自己的特色。美国19世纪文学中也有许多离群索居的例子，例如《白鲸记》（*Moby-Dick*，波洛克最爱的书之一）中焦躁不安的以实玛利（Ishmael）"悄悄地向船走去"，驶向"沉思与水永久结合"之处。

旧世界的浪漫主义者退隐于世，迷失在崇高的风景中，感受它所带来的震撼，与此不同的是，美国超验主义者的隐居之地朴素、平凡且易于打理。例如，爱默生的同时代人亨利·戴维·梭罗住在镇子附近的别致小屋里，他的母亲定期带来日用必需品。梭罗的"自然"是一片妥善修整的树林，以及岸边长着高高的草的池塘。

青少年时的波洛克拥有了他的第一座小屋，那是一幢废弃了的鸡舍；20世纪40年代他在长岛的隐居处也是与之相似的朴素的小天地。

梭罗的小屋
瓦尔登湖，康科德，马萨诸塞

美国泛神论

梭罗的舒适隐居处的目的是和自然融合为一。在下面的诗句中,人与自然紧密结合,正如诗人的心境反映出季节的变迁:

> 我是秋阳,
> 随秋风运转……
>
> 我全然枯萎变黄,
> 果核却圆润饱满。
> 橡果落在我的树林中,
> 冬天藏在我的情绪里,
> 沙沙响的枯叶
> 是我的悲伤的永恒乐音……

1949年波洛克宣称的"我即自然"与梭罗的主张"我是秋阳"相呼应。这一声明不断地被人们用来描述波洛克是某种自我中心主义者或性格外向者(尽管他的心理医生诊断他的性格极其内向)。事实上,波洛克描述的是一种存在的方式。逐渐主导欧洲的世界观——视心灵和自然界为独立个体[此观念受法国17世纪哲学家勒内·笛卡尔(René Descartes)的启发],波洛克反对这种世界观,而是和美国超验主义者一致,设想了一种与世界共生的关系。

克里希那穆提学说与超验主义者观念的相似之处绝非巧合。梭罗也对东方思想感兴趣,并且读过在美国首次翻译出版的印度经文。19世纪和20世纪期间,美国哲学不断地向东方寻求灵感。

在本顿家的生活

1930年，波洛克搬到了纽约，开始与他的哥哥查尔斯（Charles）共住一间公寓。他还注册了艺术学生社团（Art Students League），师从托马斯·哈特·本顿（Thomas Hart Benton），这位壁画家的作品以赞颂美国及工人阶级为主题。本顿的妻子丽塔（Rita）很快接纳了波洛克，如母亲般照顾了他在纽约前几年的生活。由于她做得一手美味的意大利面，波洛克亲切地称她为"意面丽塔"。

本顿一家的生活有着浓厚的美国风格。例如，他们在每周一举办乡村音乐之夜，波洛克的加入带来了糟糕透顶的口琴表演。波洛克还看护他们的儿子托马斯·皮亚琴扎（T.P. Thomas Piacenza），他用自创的杰克·萨斯（Jack Sass）的故事——一位策马穿过西部荒原的独行英雄发现废弃的金矿——迷住了这个孩子。

艺术学生社团

社团里有两个相互竞争的团体——本顿和美国地方主义者，以及由阿希尔·高尔基（Arshile Gorky）和斯图尔特·戴维斯（Stuart Davis）领头的欧洲流派，双方总是争论不休。波洛克对他的老师极其忠诚。波洛克曾一度模仿本顿画的美国浪漫风景——《去西部》（Going West）描绘了月光照耀下，一人孤身赶牛穿行在连绵群山中的场景。艺术批评家柯克·瓦恩多（Kirk Varnedoe）认为这幅作品"与其说是风景画不如说是内心景象"。就像假想人物杰克·萨斯一样，那个迈入未知领域的独行者，背负着波洛克的童年印记，以及在西部不断迁居带来的挑战。

去西部

杰克逊·波洛克,1934—1935

纤维板油彩

38.3厘米×52.72厘米

托马斯·哈特·本顿更有活力的一面

虽然波洛克后来摆脱了本顿的影响,但他成熟时期的标志性滴画和充满生气的如舞蹈般的胡乱涂鸦,与本顿的巨幅壁画中的粗犷精神相似。本顿最著名的作品当属受纽约新学院大学(New School)委托创作的壁画《今日美国》(America Today,波洛克是其中诸多模特之一)。原址上的壁画从地板直至天花板,随着画面内容在整个房间展开,弯弯曲曲的韵律贯穿画中人物——很多是真人大小。本顿将壁画视为表现行为的领域,这预示了波洛克的作品。正如他所说:

> 壁画对于我来说是某种情绪化的狂欢。我一想到巨大的空间,思维就处于兴奋状态,激发出我的能力……我被某种无所顾忌的自由掌控。我对什么都不屑一顾。一旦上墙创作,我就用彻头彻尾的感官愉悦来画。

托马斯·哈特·本顿为新学院大学创作的《今日美国》壁画(1930—1931)局部。今为纽约大都会艺术博物馆(Metropolitan Museum of Art)的馆藏。

全都在一天的工作中，1935—1938

离开社团后，波洛克与新成立的公共事业振兴署（WPA）签约了。这个项目以对待蓝领工人的方式对待艺术家：他们不在自己作品上署名，必须准时上班，按时完成工作，否则就要被解雇。WPA艺术品如同工厂产品一样，有两种规格——约41厘米×51厘米，或61厘米×91厘米。

波洛克自一开始就未能遵守规矩：他常常在上班打卡时间还穿着睡衣，勉强创作规定数量的作品。1938年他因缺席被解雇，不过直到1943年他仍然间或为该体制工作。尽管如此，WPA还是为波洛克提供了经济来源，并给他时间探索不同事物。

1936年，波洛克自愿在戴维·西凯罗斯（David Siqueiros）的位于联合广场（Union Square）的实验工作室提供帮助。思想革新的共产主义者西凯罗斯使用激进的技法，尝试使用工业涂料和喷壶。有时他还将自己的画布铺在地板上，在上面滴颜料，这些都预示了波洛克的标志性风格的确立。

到目前为止都是相当负面的消息。

——杰克逊·波洛克

  波洛克在1940年写给哥哥查尔斯的一封信中，将他在纽约的体验总结为"到目前为止都是相当负面的东西"。随着本顿一家搬到密苏里，亲密女友离开纽约，而他也被WPA项目除名，前几年里支撑他的生活方式逐渐土崩瓦解了。结果波洛克开始酗酒，那时与他同住一间公寓的哥哥桑德，常常发现他在楼梯间熟睡，或在街头烂醉如泥。

  到了1938年6月，波洛克在布卢明代尔精神病院（Bloomingdale Asylum）接受酗酒治疗。桑德在写给查尔斯的信中说他们的"小弟弟""饱受精神衰弱的折磨"并且"精神上有问题"。波洛克在这家精神病院住了4个月。离开时，他开始接受约瑟夫·亨德森医生（Dr Joseph Henderson）的治疗，此人刚拿到荣格心理分析学治疗师资格。亨德森医生意识到波洛克不善言谈，便鼓励他带画来参加面谈以作为谈话切入点。通晓荣格心理学的波洛克似乎主导了面谈——好像是他在逗弄亨德森。后来，亨德森意识到他已经让他的病人失望了：

> 我想知道为什么我疏于发现、研究或分析他的个人问题……我想知道为什么我似乎并没有试图治好他的酒瘾。我已经弄明白正是他的无意识绘画将我坚决地带到一种反移情状态来对待他创作的象征性素材。因此我被迫追随他的象征意义的变化……

  波洛克拿了83件这类草图给他的心理分析师。有一件受毕加索启发的无标题草图（见27页）最初属于亨德森的收藏。波洛克死后，亨德森违背病人保密协议，将这些草图卖给了一家画廊。他还举办公开讲座，并写了一本关于他的这位著名病人的书。

  治疗过程中波洛克仍未停止饮酒，当亨德森搬到旧金山后他的状况恶化了。一天晚上波洛克站在曼纽尔·托莱吉安（Manuel Tolegian）的公寓楼外，此人是他手工艺术高中时期的旧友，也是画家同行。他不慌不忙地搬来一堆石头，砸坏了单元楼上的每一扇窗户。托莱吉安为这个故事画上了句号："我跑下楼狠狠地揍了他。"

《诞生》,1938—1941

20世纪30年代晚期,波洛克被出生与死亡等常见主题所吸引(他的出生带着创伤——他曾因脐带绕颈而短暂窒息)。波洛克在《诞生》(Birth)中表现了激烈的挣扎。画中满是如瀑布般倾泻而下的螺旋形,有着吓人牙齿的上下颠倒的脸,也许是呱呱落地的婴儿。长着猫耳的头、宽大的女性臀部和马蒂斯(Matisse)风格的弯曲手臂等特点使人辨认出母亲形象。她的身体如图腾柱般位于画面纵轴。她的形象虽然抽象,她的存在却以某种方式支配了整个画面,反映出波洛克的"母亲皆巨人"的感受。

这件作品借鉴了欧洲艺术和北美原住民艺术。嘴、鼻子和眼睛混合一体的螺旋类似毕加索作品中出现的特征,而凹陷的圆圈、旋涡和竖直的牙齿,看起来更像是因纽特人面具的特点。波洛克保存了一幅因纽特人面具的插画,北美原住民的萨满教传统令他着迷。《诞生》中的螺旋形式有萨满巫师仪式舞蹈的疯狂冲动,舞蹈中的人变成了另一种生物。波洛克传记作者埃伦·兰多(Ellen Landau)认为"我们看到的是……一次令人恐惧的剧烈变形(很像波洛克每次醉酒时的经历)"。

尤皮克面具,阿拉斯加西部,约1928
木头和羽毛
宾夕法尼亚大学考古学与人类学博物馆

诞生

杰克逊·波洛克，1938—1941

布面油画

116.4厘米×55.1厘米

泰特美术馆，伦敦

> 我想，我们都受到弗洛伊德的影响。
> 我信奉荣格精神分析已经很长时间了。
>
> ——杰克逊·波洛克

20世纪30年代晚期，人们对无意识理论的兴趣浓厚。波洛克告诉一位采访记者，他"印象尤为深刻的是［超现实主义者］认为艺术来源是无意识的"。

许多第一代超现实主义者读过西格蒙德·弗洛伊德（Sigmund Freud）的书，他将无意识表述为被压制的欲望和记忆的个人储藏室，本质上常常与性有关。抽象表现主义形成时，灵感来源转为卡尔·荣格（Carl Jung）的理论。荣格认可个人潜意识的存在的同时，还提出了一个更深入的层面："集体、普遍和非个人性质的第二个精神系统，完全相同地存在于每一个个体中。"

荣格摒弃了西方优先个性和独特性的倾向，专注人类经验中共有的和重复的材料。荣格学说中的集体无意识由原型构成：来自我们祖辈往事的原生图像或生活模式重复了一代又一代，例如智慧的老人、儿童和母亲。

《鸟》

波洛克的作品有时成为对荣格理论更加个人化的反映。波洛克被诊断为有精神分裂倾向和明显的女性气质，他开始接受荣格精神分析法。（荣格认为病人通过治疗能够经历"精神重生"。）

有人认为《鸟》（*Bird*）表现了疗愈过程中的阶段。画底部两个面对面的人头可以视为表现了分裂的自我，两者之间用生动的笔法画的黄色旋涡代表斗争。可能波洛克指的是荣格学说的"招魂术"（Nekyia），即灵魂重生与调和之前潜意识激动不安的过程。蛋内胎儿式的结构暗指男性和女性元素的综合体，标志着重生，而画面顶端正中间生动的"第三只眼"，暗示新的顿悟的自我。

父亲形象

1939年，开往诺曼底的跨大西洋航班装上了堪称最著名的反战作品——毕加索的《格尔尼卡》（Guernica），将处于第二次世界大战边缘的疲惫旧世界留在身后，向纽约驶去。随着船靠近港口，《格尔尼卡》中高举着灯的悲剧女主角，像是朝着手擎火炬的自由女神像致敬。毕加索的巨幅作品卸下船后在瓦伦丁画廊（Valentine Gallery）展出。

一家日报即时做了给人深刻印象的报道，《格尔尼卡》令许多纽约艺术家醍醐灌顶，不过波洛克的朋友、艺术理论家约翰·格雷厄姆（John Graham），多年前已是毕加索在美国的拥护者。对于威廉·巴齐奥特（William Baziotes）来说，"毕加索展示并画出了他心中的狂热——死亡和美丽的狂热。"波洛克自己对这幅画进行了诸多研究：毕加索在《无题》中画的狂野难驯的野兽——公牛和野马——相互纠缠。波洛克突出了毕加索画面形式的力度和表现力。

波洛克继续从毕加索的作品中搜刮和借鉴。当他创作《秘密的守护者》（Guardians of the Secret，见32页）时，他面临在巨大的画面上建立整体性的挑战。他的解决方法是用两个外部人物构成一个核心场景，呼应了《格尔尼卡》的构图。

格尔尼卡
毕加索，1937
布面油彩，349.3厘米×776.6厘米；索菲娅皇后艺术中心国家博物馆，马德里

无题

杰克逊·波洛克,约1939—1942

纸上彩铅和色粉
35.5厘米×27.9厘米

约翰·格雷厄姆

波洛克说走进约翰·格雷厄姆的家犹如迈入一座寺庙或避难所；某种意义上这位艺术批评家可谓是波洛克的精神导师。李·克拉斯纳印象中的格雷厄姆是"疯狂、任性、出色的人"。格雷厄姆很能装腔作势，有时穿戴埃及头饰和礼服会见访客。格雷厄姆和波洛克之间的友谊虽可用怪异形容，但真情实意。波洛克和他的第二位荣格分析学说治疗师维奥莱·斯托布·德·拉斯洛医生（Dr Violet Staub de Laszlo）的治疗面谈，格雷厄姆甚至还参加过一次。

格雷厄姆将理论融会贯通，从中提炼出与艺术相关之处。根据艺术家弗里茨·布尔特曼（Fritz Bultman）的说法，他"为波洛克提供了通俗易懂的荣格理论"。格雷厄姆的观点是开化的文明已经失去了与潜意识的联系，需要"天才人物"来揭露这个丰富的世界——而他很乐意将波洛克捧为美国的原生天才。1942年，格雷厄姆在麦克米伦画廊（McMillen Gallery）举办了一场名为"美国和法国绘画"的展览，将《鸟》纳入展出行列。波洛克因这场展览而声名鹊起。

李·克拉斯纳

俄裔美国人、半抽象画家李·克拉斯纳也被邀请参加格雷厄姆的"美国和法国绘画"展。开幕前,李决定向波洛克做个自我介绍,因为他就住在附近,李又从未见过他的任何作品,因而十分好奇。"说我失去理智还太保守。我被我看到的彻底惊呆了……我看到那些画时感觉地板似乎正在塌陷。"

事实上,波洛克与女性相处的经验少得可怜。李性格热情,是前卫画家团体成员。而且当时她在事业上比波洛克更成功。当波洛克应喝咖啡的邀请来她的公寓接她时,李却带他去了附近的小餐馆。她创作作品全神贯注,没法烹饪,更别提烧一壶开水。尽管如此,随着他们的感情升温,她完全变成了另一个人。

她为他神魂颠倒。"我被波洛克深深吸引而爱上他——肉体上,精神上——在各种意义上。我确信当我与杰克逊相遇时他有重要的事情要说。当我们开始恋爱时,我自己的作品变得无关痛痒了。他才是重要的。"

童年时的李在家里始终"屈居第二"。传记作者盖尔·莱文(Gail Levin)写道,李的母亲"和其他犹太母亲一样爱她的独子胜过她的女儿们"。1945年10月,这对恋人在纽约的一所教堂举办了婚礼,拉来教堂清洁工当证婚人。李曾经在她的艺术上投入的热情,如今用来推进波洛克的事业以及安排他们的家庭生活。她怂恿波洛克搬去斯普林斯(Springs),这暂时起了一点作用。波洛克戒了酒,作品产量高,日子过得心满意足。有趣的是,李坚持要波洛克不再去看他的精神分析医师。拉斯洛医生认为,"李有强烈的占有欲,所以凡是他依赖的人都能让她感受到威胁。"

如果说李表现得像个专横霸道的母亲,那么杰克逊扮演的就是野蛮粗鲁的孩子。他们的共同生活剑拔弩张。新的一天以李在厨房餐桌旁情绪郁积为开始:"他吃早餐时,我在吃午餐……他可以就着那杯该死的咖啡坐上两小时。到那会儿已经是下午了。"

杰克逊·波洛克和李·克拉斯纳,斯普林斯,东汉普顿,纽约,约1945

秘密的守护者

杰克逊·波洛克，1943

布面油彩

122.9厘米×191.5厘米

现代艺术博物馆，旧金山

全部人类交流的记录通过符号媒介得以永远流传。
——约翰·格雷厄姆

20世纪40年代早期,波洛克涉足北美原住民艺术的符号和视觉句法。《秘密的守护者》的画面上部,有一条鱼的象形图画、一个特松诺克瓦面具(Tsonoqua mask)和一只蜷缩成团的小虫(波洛克临摹自MoMA展上的一把墨西哥壶)。艺术史学家杰克逊·拉欣(Jackson Rushing)将白色方块里浮现的人物形象,与亚利桑那州霍霍坎印第安人(Hohokam Indians)制作的壶上的火柴棍似的小人相比较,这种壶也在MoMA展上展出过。霍霍坎壶的结构十分流畅优美,画中人物沿着画面空间航行——有些甚至上下颠倒。波洛克的《守护者》中绝大多数人物形象都是上下颠倒的。

颠倒的世界暗示着永恒的狂欢精神,那里的旧有秩序被完全改变。虽然许多年后波洛克的滴画已不再令人耳目一新,但是他颠倒的涂鸦人物仍然嘲讽了欧洲艺术及其文明的人体图像。这种原始的姿势与战后年代产生了特别的共鸣,面对大屠杀之后如何塑造人物形象的困境,德国艺术家乔治·巴塞利兹(Georg Baselitz)也把他笔下的人物上下倒置。

《秘密的守护者》中毫不相干的组成元素以严格的结构组合在一起,两个外部人物形象框住了内部场景(呼应毕加索的《格尔尼卡》的结构)。不过毕加索的人物形象揭露了战争的恐怖,波洛克的守护者却是保护内心世界。如同印第安岩画表面上层叠的象形文字一样,人的象征符号在一个平面上永久结合。

陶碗,霍霍坎文化,亚利桑那州南部

直径27.3厘米
希拉·普埃夫洛收藏馆,格洛布,亚利桑那州

佩姬

1941年，古怪的纽约女继承人佩姬·古根海姆（Peggy Guggenheim）结束了22年的欧洲生活返回家乡，在西57街（West 57th Street）开了一间未来派风格的博物馆兼画廊。家财万贯的她几乎"每天买一幅画"。

佩姬的私生活同她的艺术收藏一样有名。尽管她那"土豆"鼻子臭名远扬——波洛克如是说，如果要和她上床，得在她头上套个口袋——据传她有上千名情人。曾经有人问她跟过几任丈夫，她回答道："你是说我自己的还是说其他人的？"

1943年波洛克提交了《速写人物》（*Stenographic Figure*）参加佩姬的春季沙龙展。佩姬拒绝了他的参展申请，并告诉艺术家彼埃·蒙德里安（Piet Mondrian，亦是她的知己），"那个年轻人有严重的问题……绘画就是他的问题之一。"但是蒙德里安并不赞同，"我预感这或许是我在很长很长一段时间里看到的最激动人心的作品，无论在这里还是欧洲。"深信不疑的佩姬用她一贯的奢侈作风采取了进一步行动，向波洛克许下了做个展的诺言，命她的画廊与他签下了合约。她还委托波洛克为她家的门廊创作一幅壁画。

找到赞助人是关键一步，但是佩姬漫不经心的轻浮让她也有一丝冷酷。当波洛克在解决生命的意义时，佩姬的心思却在别处。

佩姬·古根海姆和她收藏的眼镜
威尼斯，1962

恐惧留白:《壁画》,1943

佩姬的朋友、先锋观念艺术家马塞尔·杜尚(Marcel Duchamp)建议用架上绘画的方法画那幅壁画以便携带。这种安排使作品得以完成且位置适当,为古根海姆画廊的波洛克个展开幕做好了准备。

在写给哥哥查尔斯的信中,波洛克称这个项目"极其激动人心"。他将公寓的一面墙敲掉以便放下画布(尺寸大约为2.5米×6米),他花了好几个月时间盯着空白的画布。随着展览日期一天天逼近,他逐渐陷入深深的沮丧中,开始喝很多酒。与此同时,佩姬愈加没有耐心,不断打电话催促。很可能在交画日之前的那个晚上,杰克逊还是什么都没画,到了第二天清晨克拉斯纳告诉一个朋友:"你不会相信发生了什么。杰克逊把画完成了。"

就像当年他和父亲在大峡谷踏出道路,工作于波洛克而言是一种放松。他的好友和诗人弗兰克·奥哈拉(Frank O'Hara)发现了"画面的尺幅(如何)成为画家的身体……艺术家的身体力量在画面上以真实的细节,以真实的尺寸创作"。

波洛克的绘制过程内含于《壁画》(*Mural*)生气勃勃的肌理中,这种肌理填满了作品表面(horror vacui,"恐惧留白",就是害怕空无一物的空间)。手持颜料罐的波洛克,如同跳着仪式舞蹈,与画笔同步移动:他一笔挥就画中踮着脚尖的人体。随着艺术家在整块画布上移动,一个接一个的人物快速地相继出现,画面顶部蓝绿色和黄色的笔触层层叠叠。

激进的艺术

富有影响力的艺术批评家克莱门特·格林伯格(Clement Greenberg)对这件作品只看了一眼,就认定波洛克是"这个国家诞生的最伟大的画家"。作为马克思主义者和固执己见的形式主义者,波洛克将线条和色彩等抽象特点置于最显著的地位。但是《壁画》远不是对形式的冷静分析,它是有着丰富关联的极富争议的作品。

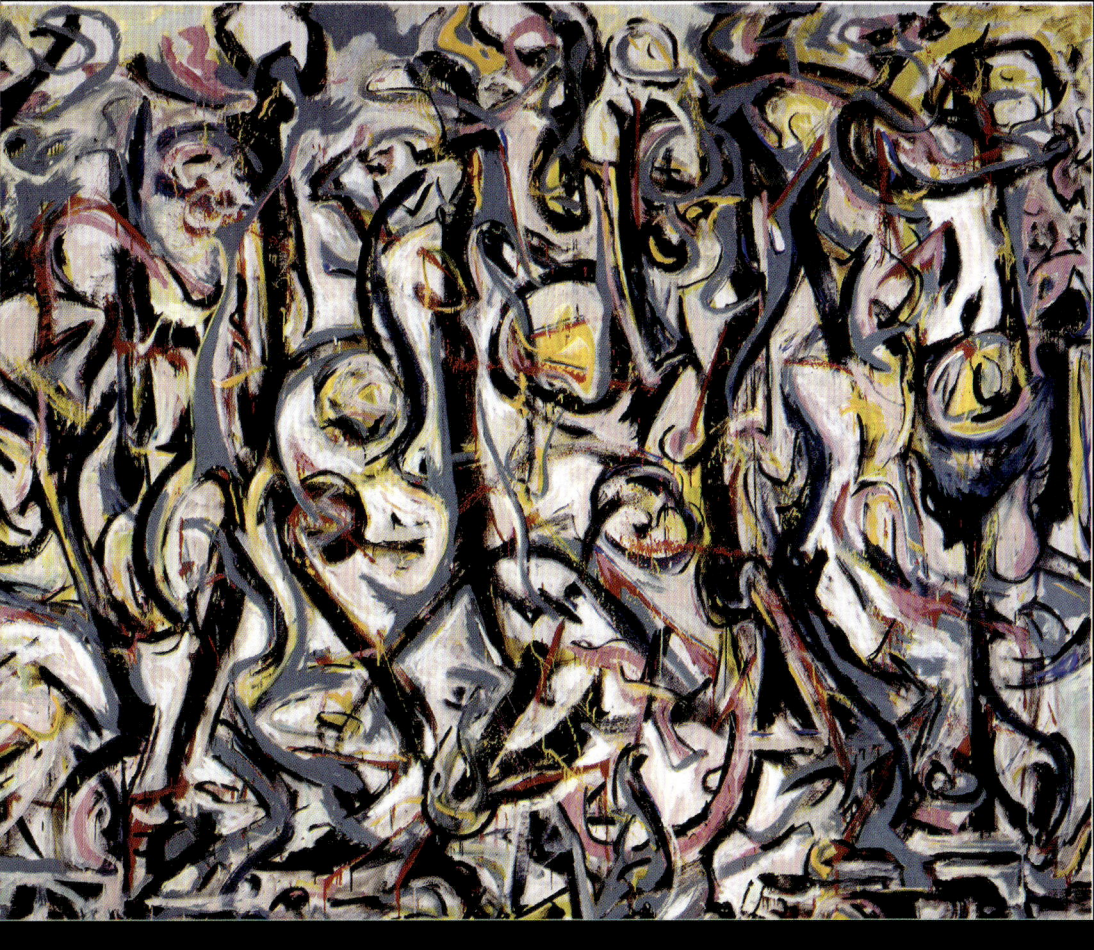

壁画

杰克逊·波洛克,1943

布面油彩

247厘米×605厘米

艾奥瓦大学艺术博物馆,达文波特

平原猎人

1944年，富有影响力的批评家、画家和诗人亨利·米肖（Henri Michaux）声称他已经见了太多的毕加索画的野兽，是时候寻找用不同方法画的不一样的野兽了。《壁画》肯定在这方面不负期望。美国艺术批评家欧文·桑德勒（Irving Sandler）写道，波洛克"彻底撕碎了"毕加索的"封闭的形式并将它们以曲线的韵律抛洒在画面上"。画面释放出翻滚着能量的野兽——真人大小的人体占据了整个画面，原色在画上蔓延。

画面跨度具有犹他壁画（见30–31页）水平方向的张力，与此同时画面人物像是被惊涛骇浪困住的霍霍坎驼背人的放大版（见33页）。动笔创作前，波洛克曾幻想："这是四处惊逃乱窜……的美国西部的各种动物，牛啊马啊羚羊啊水牛啊。所有的东西都在穿过那该死的表面。"

童年时期的波洛克经历过接连不断的变动，1941年MoMA举办的展览也许唤醒了那种流浪精神。以"平原猎人"为主题的展厅，赞美了"流浪的游牧民族"的自由和流动性。展览画册指出游牧民族的装饰艺术形式与他们的生活方式有内在联系："骑马时的快速运动也促使人们在装饰中使用羽毛和条纹，当它们随风飘动时达到最佳。"在《壁画》中，装饰形式推动了视觉冲击力。我们不知道波洛克是否读过画册，但是他肯定看过那次展览，展览上有一根牛皮鞭，上面的装饰是猎人们骑马追逐猎物，飞奔过空旷的平原。

在女人们来来往往的房间里，
谈论着米开朗琪罗。
——托马斯·斯特恩斯·艾略特（T.S.Eliot）

壁画送到时佩姬并不在家，她就是这样漠不关心，波洛克不断地从画廊打电话给她。杜尚最终帮波洛克把画挂上墙（而且他们两人可能将画布边缘去掉了20厘米以便适合空间大小）。与此同时佩姬的室友正在举行派对，没有人对走廊里的艺术品感兴趣。这种冷遇刺激了波洛克敏感的神经，他给自己倒了一杯酒，喝得醉醺醺的。

斯普林斯，1945—1956

1945年，李和杰克逊离开纽约城，在长岛的斯普林斯买下了一幢木头建造的农舍。那里没有水暖设施，唯一的加热装置就是厨房炉灶，他们度过的第一个冬天寒冷刺骨。这对新婚夫妇努力翻修这个地方。波洛克在屋外和妻子达成了一个协议："我挖土栽种，你来浇水除草。"

波洛克将破旧的渔具棚改造成工作室。他把那座小屋从原地挪走，因为它挡住了从房子里看阿克卡伯纳克河（Accabonac Creek）的视线。

波洛克给他的爱犬之一取名船长亚哈（Captain Ahab），这是赫尔曼·梅尔维尔（Herman Melville）的小说《白鲸记》中残暴船长的名字。

波洛克收养了一只亲近人的乌鸦。

安逸的平凡

每当克拉斯纳向杰克逊诉说他的酗酒问题如何令她困扰，他便回答："试着把它想象成一场暴风雨。很快就会结束了。"

这场暴风雨在斯普林斯停歇了，随之而来的是长时间的平静。按照李的说法："从1948年到1950年，杰克逊滴酒未沾。"波洛克还在一个名为赫勒（Heller）的年轻医生那儿看病，这个医生不提供复杂的分析治疗，但波洛克告诉李："他是个诚实的人。我可以信任他。"纽约的魅力逐渐褪去，平凡占据了他们的生活，李回忆道："我们下厨、吃罐装食品、整理花园。"杰克逊也对他的作品发展走向感到惬意："我有一股发自内心深处的自信，因为我能够靠我的画维生了。"

斯普林斯后来成了活跃的艺术社区，但是杰克逊与本地居民相处时更开心。他和当地的乡村商店店主丹尼尔·米勒（Daniel Miller）成了好朋友。米勒知道波洛克离开纽约"是为了远离欺骗、泡沫，自己与风浪抗争"。米勒理解他的朋友内心是一个"非常、非常保守的人"。纽约把波洛克当作它的野孩子接纳，但在斯普林斯他就是一个普通人。

杰克逊·波洛克和李·克拉斯纳，斯普林斯，1949

泛神论者出现了

斯普林斯有一种荒芜的美感。平原低垂的地平线为无尽的天空留出了位置，无遮无拦的风刮过湿地。波洛克喜爱他的房子后面粗糙起伏的沙丘，一直延伸到鹅卵石海滩和开阔的大海。李和杰克逊总是去海滩长时间散步，他享受这里的冬日景象，沙地上覆盖着皑皑白雪。一位友人后来回忆道："大地、天空、天气，都是让杰克逊感觉自在的整体的一部分。"

波洛克在当地发现了一些巨大的花岗岩漂砾，那是最后一次冰川期由冰川带来的。他把它们拖到自己的草坪中心，这些石块在修剪整齐的草坪上十分突兀。

克里希那穆提的泛神论观点（见12页）使波洛克形成对自然的欣赏。他时常提起克里希那穆提，很多人注意到波洛克的世界观超乎寻常地包容一切。他对家的改造有时感觉就像与自然合作。他进一步利用潮汐漂流物，拿一些多节的木头、一把生锈的锚和鹅卵石装点起居室。他还在房子外面覆盖上一层雪松木，使它融入周边环境中。

这位超验主义者的心声与他在斯普林斯度过的岁月尤为相关：长满草的湖畔小屋呼应了梭罗在瓦尔登湖边的生活。波洛克将自己与自然节律紧密结合的方式有着沃尔特·惠特曼诗意中的强烈封闭感。《自我之歌》为他在斯普林斯时期的作品提供了绝佳阐释。

> 我自己呼吸的烟雾，
> 回声、涟漪、嗡嗡低语、独活草、蛛丝、树杈和藤蔓；
> 我的一呼一吸，心脏的跳动，流淌的血液和穿过肺部的空气；
> 绿叶和枯叶的气息……
> 健康的感觉，正午的颤音，我唱着歌
> 起床迎接太阳。

重新洗牌

1946年，波洛克把谷仓改造成工作室，在那里创作了《闪烁的物质》（*Shimmering Substance*）。它具有惠特曼诗中所谓"健康的感觉，正午的颤音，我唱着歌起床迎接太阳"。画面因彩色的螺旋纹而朝气蓬勃，白色、淡黄色和樱桃红等春意盎然的色彩让人感觉清新愉悦，无疑反映波洛克的精神状态已好转。这件作品标志着他的新方向。

在与过去决裂时，波洛克重新洗牌。原来的象征模式令他失望，常见主题、参考古代艺术和无意识的象征，都从他的画中消失了。《闪烁的物质》为哲学家马歇尔·伯曼（Marshall Berman）的客观世界没有实体的理论提供了视觉证明。

《闪烁的物质》表面的厚涂颜料有一种粗犷的美感。波洛克直接把颜料挤到画布上，有节奏地画画，间或用笔杆末端挖出螺旋形。他即兴创作的姿势虽自由自在，但绝不像通常所认为的那般随意或出于偶然。约翰·格雷厄姆把画家的姿势比作歌手的嗓音："每当提及不同事物时，它便或低落或高涨，颤动各不一样。"

按照波洛克对当地一位友人的说法，他画画时追随了自然的脚步。"有没有试着聆听绿河（Green River）的声音？也许，你能体会到我想说的。"《闪烁的物质》充分体现了"正午的颤音"：温暖的金色天体让我们沐浴在独特的彩虹般的正午光芒里，而碎笔暗示光学上"闪烁"的产生伴随着强热。

佩姬离开了

第二次世界大战之后，佩姬与艺术家马克思·恩斯特（Max Ernst）闪电离婚，她关闭了纽约的画廊回到欧洲。她急切地想要摆脱波洛克。

画廊主贝蒂·帕森斯（Betty Parsons）喜爱波洛克的艺术，但她也对他有所防备。帕森斯向波洛克许诺，只要佩姬与她签约在指定日期支付波洛克的月薪，她就给他做代理。佩姬将在威尼斯眼睁睁看着波洛克的画价飙升。

闪烁的物质

杰克逊·波洛克，1946

布面油画
76.3厘米×61.6厘米
现代艺术博物馆，纽约

在地板上

1947年前后,波洛克从根本上改变了他的创作方式;《闪烁的物质》中诉诸美感的颜料使用揭示了创作过程,预示了这个新方向。波洛克将未装裱的画布放在地板上,放弃了传统的油画颜料,开始实验流动性很好的家用涂料,将之泼溅、滴落和倾倒在整幅画布上。

杰克逊·波洛克在他的工作室里创作,
斯普林斯,1950年夏

波洛克如是说

1947年到1948年的冬天,波洛克在艺术杂志《可能性》(*Possibilities*)上发表了一篇文章。由于他一直不乐意公开讲话,所以这篇声明十分宝贵,明确阐述了他的新创作手法。该文经由艺术家罗伯特·马瑟韦尔(Robert Motherwell)和批评家哈罗德·罗森伯格(Harold Rosenberg)编辑。

我的画不是在画架上完成的。我几乎从来不在画画前装裱我的画布。我更喜欢用大头钉把未装裱的画布钉在硬墙上或地板上。我需要坚硬的表面做支撑。放在地板上我更自在。用这种方式我能在它周围走动,从4个方向来画,并且真正地身处画中,因此我感觉更贴近画面,更能成为画面的一部分。这类似西部的印第安沙画家的画法。

我不断地弃用画家的常见工具,如画架、调色板、画笔等等。我更喜欢棍子、毛巾、刀子,滴落流动的颜料或加入了沙子、碎玻璃以及其他不常见物品的厚实颜料。

当身处我的画中,我意识不到自己在做什么。只有在某种"意识到"的时段我才看到自己画的是什么。我不害怕制造改变、破坏图像等等,因为画有它自己的生命。我试图让它从画中表现出来。只有在我与画失去联系时结果才会一团糟。不然就是纯粹的和谐,表达简单易于理解,画面效果也不错。

滴画技法出现

波洛克在他发表的声明中提到了"滴落流动的颜料"。他已经开始定义那引发争议的滴画技法了。"颜料滴"在空中自由落体的短暂时刻，艺术家与他的创作材料失去联系。在痴迷个性、将打造标志视为原创特征的文化中，任由颜料滴落的手法很有挑战性。这是混乱，还是孩子气的胡乱涂抹？即便是波洛克自己也感到有必要发问："这是画吗？"

星星之美

在《北斗七星的反光》（Reflection of the Big Dipper）中，闪亮的黑磁漆滴落在沾染颜色的生气勃勃的画面上。线条或纤细地横跨整个画面，或集中成一滩模糊、黑色的飞溅物。作品标题让人想起宇宙，以及夜空中星星组成的图案。

无边无际的空间感受引起了波洛克的共鸣。他对斯普林斯的开阔海面和西部的广袤景色都深有感触。1950年，他在威廉·赖特（William Wright）为WERI广播（WERI radio）做的采访中，评述了艺术家们表现所处年代目的的必要性，并选出"飞机、原子弹和广播"作为他那个年代的符号。数年后，社会理论家马歇尔·麦克卢汉描述了电力的变革性影响，他认为电力消除了边界，在广袤无垠的世界里确定了人的位置。

无际空间的感受中也潜伏着悲剧感。艺术史家蒂莫西·詹姆斯·克拉克（T. J. Clark）将波洛克的《星系》（Galaxy，绘于《北斗七星》同年）形容为"一种无须解释的空虚，就像对深空的一瞥"。

北斗七星的反光

杰克逊·波洛克,1947

布面油漆

111厘米×91.5厘米

五英寻

杰克逊·波洛克,1947

布面油彩、钉子、大头钉、纽扣、钥匙、硬币、香烟和火柴

129.2厘米×76.5厘米

现代艺术博物馆,纽约

夜间幻觉

杰克逊无法入睡时，就会去附近的森林散步，或沿着鹅卵石海滩走走。人在黑暗中视力有限，而其他感官增强——我们"摸索着走路"，平时不太留意的声音似乎在耳边回荡。如果说《闪烁的物质》让人联想起正午的颤音，那么《五英寻》（*Full Fathom Five*）画的是夜间：橙色和黄色如同黑暗中的声响穿透画面中的深色部分。焦油状的表面外壳里包裹着大头钉、一把钥匙、颜料管盖子和一些香烟。

波洛克无疑是参考了毕加索的作品，后者将日用品加入自己的拼贴画中。不过，毕加索的"物品"存在于平整的立体主义画家架上作品，而波洛克作品中的零零碎碎是深色的、打着旋的网状物的一部分，让人联想到在黑暗中摸索的感觉。

波洛克的艺术带来的挑战在于它的彻底的"满幅"构图。观众面对的是一场冒险——他们可以跟随一种图案，然后随意改变，探索新的节奏。有位批评家嘲讽波洛克的作品没有"开始、中间或结尾"。波洛克却视批评为赞美："我的画没有中心，依靠的是遍及画面的等量的兴趣点。"这与文艺复兴以来的透视体系相比朴实太多了，后者是将观众的注意力集中在中心消失点上。波洛克的作品遵循了北美原住民沙画家的逻辑，通过平衡画面元素创造出和谐感。

波洛克在画画过程中还不断反思。他站在靠墙的画布前，观察一会儿并仔细思考它的效果。然后他再次把画布放平，继续画。

专门小组讨论波洛克

波洛克的满幅画惹怒了某些人。他们想要什么？他们的目的是什么？1948年秋，《生活》（*Life*）杂志组织了一群著名的评论家围桌而坐，就现代艺术的功过发表意见。波洛克的《大教堂》（*Cathedral*）是他们讨论的焦点。在戏谑和不怀好意的评论声中，只有一个人替这位艺术家辩护，他就是克莱门特·格林伯格。

《编号1A》，1948

有一段时间，波洛克省去了标题而给画编号。正如李的评论："数字是中性的。它们让人们看到画的本身——纯粹的画。"他的看似抽象的布局让人望而却步。对于艺术家海伦·弗兰肯塔勒（Helen Frankenthaler）而言，它们表现了一种迫使她走进去的异国风景——"我必须在那里生活"。

波洛克开始在更大的尺幅上运用他的滴画技法。尺寸为1.7米×2.6米的《编号1A》（Number 1A）叫人难以忘怀。他的架上绘画中的颜料滴落通过手腕运动完成，如今他的整个身体都参与其中。后来的照片和电影记录下波洛克——一个笨拙如熊的男人——变成了一个优雅的人，他在画布周围投掷、蹲下和踮脚走动。他的每一个动作都准确无误。

画布表面不可磨灭地记录下这些行为。这件作品活力四射、一览无余（透出了裸露的画布），其影响不会随时间流逝而减少。画上的记号有一系列肌理：它们自己在自由地奔跑、漫步和旋转。同时表面的铝粉漆制造出磷光效果：线条似乎在画布前摇摆波动，又在画布上如同在《闪烁的物质》里那样振荡。

历史学家为这幅画所表达的意义争论不休——它究竟蕴含在绘画的行为还是绘画的视觉美感之中。由于波洛克影响了两个针锋相对的艺术家阵营，他留下的作品更是加剧了两派之间的分裂。后绘画性抽象主义艺术家对波洛克的精美线条感兴趣，而20世纪60年代的行为艺术家忙于实践（并且逐步形成了）绘画过程中的动态行为。

在波洛克的创作手法中，形式和行为从来都不是独立的。墙上的画表现了行为的身体体验。波洛克与他作品的关系犹如对话。当被问及他如何知晓一件作品已完成时，他反问："你怎么知道什么时候做爱结束了？"他对朋友说，他甚至爱抚过他的作品；《编号1A》中一些有触感的局部，上面的颜料用布摩擦过，而围绕画的边缘，他以一系列从粉红到深棕色的手印作为自己的在场记录。

约翰·格雷厄姆认为，波洛克的动作还和歌手的嗓音一样令人愉悦。波洛克觉得他的艺术"应该像享受音乐那样去享受"。有趣的是，他是新奥尔良爵士乐的乐迷。

编号1A

杰克逊·波洛克,1948

布面油彩和磁漆

172.7厘米×264.2厘米

现代艺术博物馆,纽约

马拉巴岩洞

波洛克常在起居室反复播放同一盘磁带,还把音量调到最大,他的起居室就像爱德华·摩根·福斯特(E. M. Forster)小说《印度之旅》(*A Passage to India*)里震荡着声响的回音洞——马拉巴岩洞。

非裔美国人最伟大的本土音乐形式——爵士乐引发了局外人波洛克的认同感。他最喜爱的新奥尔良爵士乐狂野不羁,与美国流行乐的前期风格——例如宾·克罗斯比(Bing Crosby)、黛娜·肖尔(Dinah Shore)和佩里·科莫(Perry Como)——形成了鲜明对比。它的即兴小号独奏和路易斯·阿姆斯特朗(Louis Armstrong)、比利·霍利迪(Billie Holiday)的沙哑嗓音,让他回想起戒掉酒瘾的郊区生活,还有酗酒时在格林威治村的酒吧里度过的烂醉如泥的夜晚。

波洛克有一张唱片,是路易斯·阿姆斯特朗的《漂流河》(*Lazy River*)。流淌的节奏似乎将听众带入河中。阿姆斯特朗用"哦"和"嗯"打破原曲,他的表演对于波洛克作品的意义极为重要。阿姆斯特朗进入歌中的故事,与河流的那条"狗"对话,同时又与他的乐队聊天,还撩拨一下听众——"孩子,这晚我唱了又唱。"

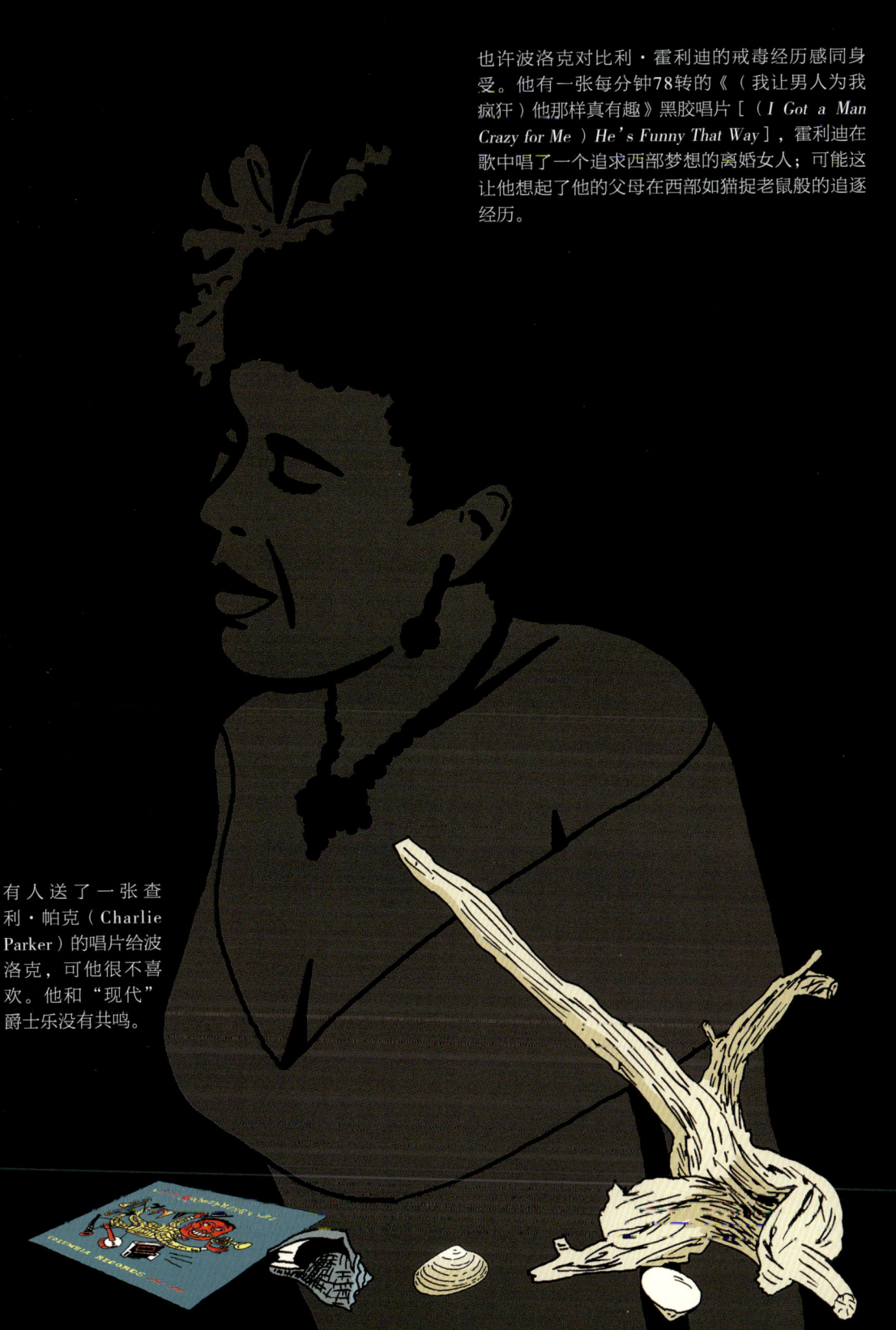

也许波洛克对比利·霍利迪的戒毒经历感同身受。他有一张每分钟78转的《（我让男人为我疯狂）他那样真有趣》黑胶唱片［（I Got a Man Crazy for Me）He's Funny That Way］，霍利迪在歌中唱了一个追求西部梦想的离婚女人；可能这让他想起了他的父母在西部如猫捉老鼠般的追逐经历。

有人送了一张查利·帕克（Charlie Parker）的唱片给波洛克，可他很不喜欢。他和"现代"爵士乐没有共鸣。

《夏日(编号9A)》的悖论

波洛克的艺术与新奥尔良爵士乐有着同样发自内心的特质和情感范畴。艺术史家将他的作品与身体功能关联起来——例如,滴落技法常与小便行为关联(波洛克的父亲貌似教过他如何用小便在大峡谷的岩石上画画)。因为画中的"水平状态和射流的冲动",柯克·瓦恩多拿他的作品与性行为做对比。波洛克的艺术就是这些东西乃至更多——它关乎人类经验的所有领域。海伦·弗兰肯塔勒感受到的她"必须在那里生活"就是此意。波洛克的艺术像即兴演奏的爵士乐令人沉浸其中,让观者来跳入画中看它如何呈现。

对于波洛克而言,《夏日》[Summertime(Number 9A)]的风格不同以往。这幅画又长(超过5.5米)又窄,给人强烈的水平冲击感。交织的黑色线条如同巨大的视觉划痕,自由无拘但又在控制之内,黄色和红色的彩色高光增添了温暖感,犹如爵士乐即兴演奏中穿插的乐器独奏。乐观的情绪好似康特·巴锡(Count Basie)的一首让人们翩然起舞的曲子《一点钟的爵士乐》(One O'clock Jump),这也是波洛克收藏的另一张唱片。

《杰克逊·波洛克：他是不是美国最伟大的在世艺术家？》
——《生活》，1949年8月8日

波洛克阴沉地抱着胳膊站在《夏日（编号9A）》前，嘴里叼着香烟，随时准备把烟喷到你脸上，与他身后展开的画布上活力四射、欢快的感觉形成了鲜明对比。他为何这种态度？

阿诺德·纽曼（Arnold Newman）拍摄了这张照片，用于给一篇著名文章配图，该文将波洛克推上美国"最伟大的在世艺术家"位置。虽然《生活》杂志圆桌讨论中的自鸣得意和鄙夷蔑视遭到了大反转，人们慎重对待波洛克仍属正常。杜撰者们忙于将他标榜为被压制的美国艺术家——"垮掉的一代"采用了这种有影响力的原型，后来"冷战"又使用它来进行强有力的宣传。艺术史家赛尔日·吉尔博（Serge Guilbaut）分析过，在麦卡锡（McCarthy）主义迫害共产党期间，政府是如何为了将美国呈现为自由国家，而推广现代爵士乐和抽象表现主义的自由形式。

对于波洛克而言，这篇文章是一把双刃剑：他虽痛恨曝光自己，但又渴望被他人接受。多年来，这一期的《生活》杂志在他的厨房架子上堆成小山，他乐于拿它向来访者展示。

波洛克在作品《夏日（编号9A）》前摆拍，1948
布面油彩、磁漆和广告颜料
84.8厘米×555厘米
泰特美术馆，伦敦

季节变化:《秋韵(编号30)》

波洛克用他粗哑的嗓音为汉斯·纳穆斯(Hans Namuth)拍摄的短片做了开场白:"我的家在长岛东汉普顿的斯普林斯。"他在这个"家"的两年里,滴酒未沾,作品高产。他的密闭工作室的唯一光源是椽子上的窗户,一切都静悄悄的。绘画是孤独的行为,而李选择尽量不去打扰他。

波洛克与纳穆斯第一次见面是在1950年7月,当时这位摄影师提议为他拍摄工作照。波洛克多少有些不情愿地同意让他录制下一件作品《秋韵(编号30)》[*Autumn Rhythm* (*Number 30*)]的绘制过程。纳穆斯每个周末都来,拍下了500多张照片,捕捉了波洛克的细微动作以及滴画的各层次。

纳穆斯的照片既是绝佳的资料,本身又是艺术品。传记作家佩佩·卡梅尔(Pepe Karmel)指出纳穆斯为拍摄波洛克的仪式般的动作做足了准备,他曾经拍过玛雅人的仪式,还在"1947年的危地马拉之旅中为真正的萨满教巫师"拍过照。尽管如此,纳穆斯还是对拍摄对象的心里变化缺乏敏感——1941年的MoMA展览,北美原住民沙画家就拒绝拍照,他们相信这会掠走仪式的灵魂。理论家苏珊·桑塔格(Susan Sontag)赞同这一态度:"拍照就是参与另一个人的必死命运、人格弱点和性情无常。"

波洛克曾经将自己比作没有壳的蛤蜊,纳穆斯以科学家的精准剖析了这只软体动物。

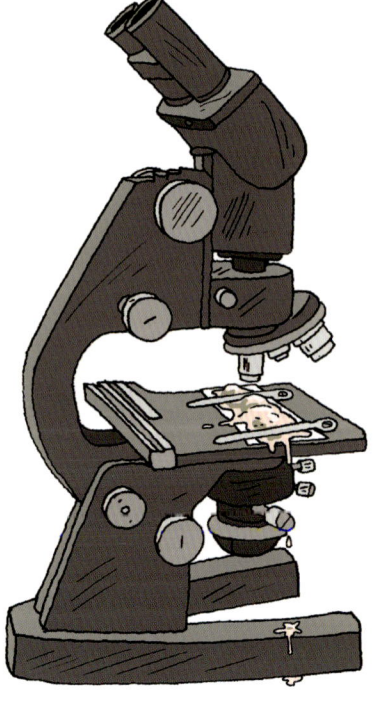

画

纳穆斯的照片代表了一种记录艺术创作过程的全新方式。可以从这样一个例子看出有趣的对比：十多年前多拉·马尔（Dora Maar）拍毕加索画《格尔尼卡》的过程，几乎没有毕加索的镜头。但纳穆斯的照片里，波洛克总在镜头中——有时是全身像，有时是头部特写。除去作品的光辉和丰富，我们发现他是一个独特的人，从他的存在中发现了意义。

最后一幅重要的滴画作品《秋韵》吟唱着。此画是"满幅"技法的完美调合，没有一处局部占据优势，流动的细节是平衡的。尽管这幅画的尺寸巨大（约2.6米×5.2米），但给人以亲密无间的感觉。波洛克热爱颜料就像诗人喜爱字句。极简主义的他精简了自己使用的颜色，仅使用少数几种元素，揭示它们的内在品质。粗糙、未打底的画布，浸透了黑色颜料，喷洒的粉状白色让人赏心悦目。

波洛克对描绘某种概念不感兴趣，但他处理颜料的方法多少使人想起"秋天的韵律"。赭色的画布和弯曲的棕褐色颜料滴，有着落寞时节的温暖、柔和的光芒。它的流动而模糊的联想决定了作品的丰富性：棕褐色的V字形笔触也许暗示飞鸟或跳舞的人——无论是什么，它们都在画面上优雅地移动。这些联想的产生往往发自内心；左下方的白色线条如同马蒂斯的线条般弯曲地展开，暗示一种弓起背部时的舒适感。

虽然波洛克与沮丧的情绪抗争，但他的滴画却是对生命的肯定。它们从夜晚的缤纷色彩和粗粝质感，到宇宙的星光之美，表现了经验的本质。《秋韵》彰显了他一生的艺术成果，恰如其分地成为他最后的重要滴画的标题。

秋韵（编号30）

杰克逊·波洛克，1950

布面磁漆

266.7厘米×525.8厘米

大都会艺术博物馆，纽约

曝光过度

虽然拍了500张照片，纳穆斯还是很有挫败感：工作室的光线不佳，无法拍到波洛克创作时的正面像，至于工作照片，绝大多数都模糊不清，没有捕捉到波洛克的夸张动作。纳穆斯想拍一部电影。尽管波洛克从来只在他那虫茧似的工作室里画画，纳穆斯还是成功地劝说他在室外画了一幅。

那天很冷。刮着劲风，长长的草遮挡视线，颜料四处洒落。拍摄是一个冗长乏味的过程，许多镜头拍了又拍。纳穆斯再一次对结果不满意。他有了新主意：让波洛克在玻璃上画画。用架子架起一块玻璃，他（从架子下面）得以近距离拍摄动作。

纳穆斯感到波洛克"非常紧张，非常不自然"，他或许设法将这种感觉赋予了一个特别的镜头，即波洛克工作时的正脸。这个将自己比作蛤蜊的男人看起来就像培养皿上的标本。

波洛克的视角

在影片的开头，波洛克在玻璃上画画，他总需要一段时间"逐渐认识"他的画材。冰冷、透明的玻璃肯定和粗糙、未经打底的画布完全不一样。

波洛克的视角不同于纳穆斯的视角：他向下看着黑洞洞的镜头，而相机直直地对着他。在如此仔细的审视下，毫不意外地，他感到难为情。波洛克解释说："我与第一幅在玻璃上画的作品失去了联系，于是我着手画另外一张。"他擦掉第一张尝试作品后，动手加入零零碎碎的东西——铁丝网、一些小圆石和一些细绳。过了一会儿他开始画画，但是纳穆斯不停地打断他，让他重新开始。结果，波洛克失去了他画画的节奏。

请到客厅享用咖啡。

——李·克拉斯纳

落日时纳穆斯喊停机——他大概拍到了他想要的。波洛克和纳穆斯走回房子。李邀请朋友过来,她准备了一场晚宴庆祝电影杀青。波洛克走进厨房,倒了两杯波旁威士忌,对纳穆斯喊道:"来跟我喝一杯。"李和她的客人们静静地看着,那是他两年来喝下的第一口酒。然后,波洛克开始大声斥责纳穆斯,骂他是"骗子"。他抓着桌子的一角顺势掀翻,烤肉晚餐和瓷器四处滚动,客人们吓得四处散开。

狗儿们在瓷器碎片间跑动,舔净肉汁,波洛克冲出房子,开着他的车走了。

此后的波洛克迷失了创作方向。情绪脆弱又经常醉酒的他,再也没有恢复到精神集中的状态。他有几年努力画出的不过是二流作品,随后完全停止了工作。值得注意的是,他的崩溃与纳穆斯的电影拍摄结束不谋而合——影片的审视直刺人心,赤裸裸地呈现了他的创作手法,让他失去了自信。有个朋友认为"解构这些画中某一件的创作过程把他变成了老生常谈"。但还有其他原因造成了他的消沉,其中包括赫勒医生的去世(他在电影拍摄之前的几个月死于一场车祸),他曾是波洛克的重要支柱。

波洛克性格脆弱,生活在充满焦虑的时代。媒体不断地报道核战争,同时麦卡锡主义已经发展成为全国性的狂潮。社会已经变得令人压抑的保守和死气沉沉。传记作者伊夫琳·托伊顿(Evelyn Toynton)引用备受推崇的艺术家诺曼·罗克韦尔(Norman Rockwell)的观点指出美国生活方式的舒适惬意。她描述了罗克韦尔为《星期六晚邮报》(*Saturday Evening Post*)画的封面作品之一,画中"祖母将感恩节火鸡放在桌上,桌旁围坐着乐呵呵的家人"。

波洛克已经受够了表演。

成功与魅力

1950年11月28日,波洛克的第四次个展在贝蒂·帕森斯画廊(Betty Parsons Gallery)开幕,现场纽约时尚人士云集。《秋韵》占据了整个后墙,有参观者看后感觉就像"走进了一场流星雨"。尽管展览开幕时人头攒动,好评不断,但仅仅卖出一张画——色调精妙的《薰衣草之雾》(Lavender Mist)。

展览过后,时尚摄影大师塞西尔·比顿(Cecil Beaton)为《时尚》(Vogue)杂志拍摄的一组大片里使用了《秋韵》。作品为这组摄影搭配色调:光滑的黑色配上模特身上丝绸般的黑色鸡尾酒会礼服裙,而浅一点的色调凸显了她的配饰——腰带、褶边和妆容。

《时尚》杂志上顶级摄影师拍摄的高调时装大片,帮助当时陷入经济困境的波洛克提升了潜在买家对作品的兴趣和购买可能性。照片虽然让人耳目一新,但也带来了问题。就像纳穆斯的电影一样,这种丰富的、浸入式的艺术体验——如流星雨般——逐渐消失,画作的功能不过是背景中的装饰,正如赫胥黎洋洋得意的评价,它"就像一版在墙上无限重复的墙纸"。

塞西尔·比顿为《时尚》杂志拍摄的时装大片,波洛克的《秋韵》被用作背景,1950

纽约很残忍。

——杰克逊·波洛克

帕森斯画廊展览期间，波洛克和李待在纽约，直到第二年5月才返回斯普林斯。波洛克根本不适应城市生活。1月，他写信给抽象表现主义画家阿方索·奥索里奥（Alfonso Ossorio）："我真的无时无刻不心情低落——又抑郁还喝酒——纽约很残忍。"他开始看另一位医生，以治疗酒瘾为专长的鲁思·福克斯医生（Dr Ruth Fox）。

敏感脆弱状态的波洛克被庸医的自吹自擂包围了。他为了治疗酒瘾，饮用一种名为格兰特·马克乳剂（Grant Mark's Emulsion）的乳状混合物。一位纽约药剂师发明了该配方，声称可以带来"全面健康"。李也将希望寄托在这种价格不菲的液体上，每天早晚她都严格地按量配给。后来波洛克回忆道："我感觉自己被活剥了皮。"

回到斯普林斯后，波洛克每周一乘车到这座大城市，取刚配好的格兰特·马克乳剂，去看他的顾问。完成这些工作后，他就走进雪松酒馆（Cedar Tavern）。

雪松酒馆

这时波洛克的纽约生活以大学城的雪松酒馆为中心，那里是其他抽象表现主义画家以及后来"垮掉的一代"诗人常去之地。酒水廉价，氛围轻松自由，充满大男子主义。李·克拉斯纳说女人被"当作牲口对待"。她痛恨那里。酒馆里的事情常常变得无法控制：波洛克被禁止把厕所门从铰链上卸下来，垮掉派的偶像杰克·凯鲁亚克（Jack Kerouac）也同样被禁止往烟灰缸里小便。

曾有朋友形容酒吧外的波洛克是一只泰迪熊，但是在酒吧里他就成了北美灰熊。酒馆里，渴望成为艺术家的人簇拥着波洛克，希望能接受大师的"指点"，而游客们聚集在那儿，期望看到他寻衅滋事。这头灰熊经常满足观众们的愿望，所以掀翻桌子、肢体冲突和酒后狂言的谣传再次出现了。

塔马·约瑟洛夫（Tamar Yoseloff）的诗作《雪松之夜》让人回想起这间传奇酒吧的氛围，以及满脑子焦虑的知名人士：

> 凯鲁亚克用他的尿液为烟灰缸施洗，
> 罗斯科盯着他的酒杯，迷失
> 在香烟的薄雾中（随后他会给每条胳膊，
> 用剃刀划上两条，白色上的棕色），
> 同时高尔基和每个路人打上一架……
> 至于杰克？他正在画一场暴风雨
> （趁着还清醒），站在众神之巅
> 孤芳自赏，直到夜晚
> 她飘然而至雪松酒馆，风情万种
> 仪态万千，寻找一个男人……

变更画廊

贝蒂·帕森斯视自己为痴狂于梦想的人:"我从不强制推销。绝大多数画商爱钱。但我爱画。"她的"激情"对于波洛克来说一点用处没有,他依然一贫如洗;1952年他决定改为和悉尼·贾尼斯(Sidney Janis)的画廊签约。虽然波洛克的名声越来越大,贾尼斯也没为他锦上添花,不过无可否认的是,在波洛克仍挣扎于新作创作时就筹划展览,这太困难了。

《蓝色枝条》的故事,1952

波洛克的多年好友、雕塑家托尼·史密斯(Tony Smith)试图帮助波洛克回到绘画的状态:

> 我们都喝了酒。我们决定一起画点什么。我想帮他走出自己,再次走进色彩……杰克逊用装满颜料的玻璃管子。就是滴油用的滴管,每一根的末端都有橡皮球,大概有3毫米的开口。但是他握橡皮球的时候太拼命了——因为他处于这种状态——以至于它们都堵住了。他拿起它们往下扔,把它们摔碎。就这样他把所有的都弄碎了。

据史密斯说,他们几周后回到工作室;那一次画家巴尼特·纽曼加入了他们。围绕着《蓝色枝条》(Blue Poles)的争论从未停止,即纽曼和史密斯究竟帮助到何种程度。纽曼的评语"那画中有我的血脉"引发人们猜测是他画了蓝色枝条,但李认为这个故事"胡说八道"。

克莱门特·格林伯格并不赞赏波洛克的后期作品。《蓝色枝条》中穿过画面的枝条就像坏掉的脚手架零件,画面背景的支撑缺少早期作品的优雅和韵律。

那个被称为家的地方——斯普林斯

波洛克的古怪行为如今使他与朋友们疏远。他开车去见住在东汉普顿附近的艺术批评家哈罗德·罗森伯格,刚站上他家草坪波洛瓦就怒不可遏:"我是世上最他妈有名的画家。"他与李的关系随着他们越发地投入生活角色而日渐恶化,她扮演母亲,而他就像个脾气暴躁的孩子。用餐常常因波洛克拒绝吃饭菜而陷入僵局。波洛克有时会非常残忍。他会在派对上大喊道:"看看我娶的人的嘴脸!"李则会选择躲到一旁。

许多人经过村庄醉醺醺地离去,少数几个忠诚的朋友试图提供帮助,而其他人始终将目光放在值钱的财产上。就在波洛克撞坏了他的第一辆奥兹莫比尔88型汽车之后,画廊主玛莎·杰克逊(Martha Jackson)开着她的1950年产豪华绿色奥兹莫比尔敞篷车来看他。她用车换了他的两张"黑色"作品后离开了。然后是村庄抽奖。"当地艺术家"波洛克被号召捐赠一幅画作为奖品。东汉普顿的莱昂内尔·杰克逊(Lionel Jackson)赢得了这件波洛克作品。

《肖像和梦》

《肖像和梦》（*Potrait and a Dream*）是波洛克最后的作品之一，令人困惑地混合了两种大相径庭的风格。写实性的头像紧挨着线条构成的图案。柯克·瓦恩多将之比喻成"卡通人物和思维泡泡"。也许波洛克用某种方式借鉴了纳穆斯的电影，以及在优雅模特身边摆放他的作品使它"鲜活"的时尚大片，这幅画中他代之以自己焦虑的面孔。

最后的放纵

1955年，波洛克遇见了美丽的露丝·克利格曼（Ruth Kligman）。诗歌《雪松之夜》（见70页）描述了他们的初次相遇，她就是诗中那个无名女人（"风情万种，仪态万千"），飘然来到雪松酒馆，找到了这位著名画家。露丝想要成为一名画家，也许她认为与波洛克在一起有助于她的事业。接下来的故事套路便是疯狂的男人背叛妻子，和漂亮的年轻姑娘相恋。不过，那时李和杰克逊的关系如一个朋友所说，"并非那么甜蜜"。

传记作者德博拉·所罗门认为波洛克起了弗洛伊德术语中"优势方"的作用，这种特殊性格若打破社会习俗是意料之中也是可被容许的。但是优势方果真占优势了吗？花边小报将各种逃避现实的幻想投射到波洛克身上，然后大肆渲染他的堕落。波洛克虽然放纵自我、沉迷酒精，但是正如蔬果商丹尼尔·米勒所言："他做了什么？不过是千百年来一代又一代的人同样会做的事情——他求助于女人和酒精。这种事发生过几百万次。那太常见了——他做出那种反应一点儿都不新鲜。"

这段风流韵事没有解决办法。波洛克想出了和李、露丝共同生活的点子，但行不通。李去了巴黎，留下露丝与沮丧抑郁的波洛克争吵。

肖像和梦

杰克逊·波洛克, 1953

等待戈多

　　印象派画家埃德加·德加（Edgar Degas）曾经说过："若要让不快乐的人得到安慰，那么只有人和物的运动能够分散其注意力甚至给予慰藉。如果树上的叶子不动，树该多么悲伤，我们也是如此！"

　　波洛克感到运动能带给人慰藉。在斯普林斯的早些时候，轻巧自如、精神集中的他"在他的画中生活"，他的创作过程优雅、富有韵律感。爵士乐是另一样让他高兴的事物，李说房子"一整天都在乐声中摇摆律动"，但是流行爵士乐破坏了新奥尔良音乐风格的节奏。

　　1956年春，波洛克去百老汇观看塞缪尔·贝克特（Samuel

Beckett)十足存在主义的戏剧《等待戈多》。他被该剧的抽象形式深深打动,认为它"是最重要的戏剧",但他无法控制自己的情绪。他试着看了三次。露丝·克利格曼记述了他的最后一次观剧反应:"他开始痛哭,真正的痛哭,然后痛哭转为啜泣,接着变成让人心碎的呜咽……他紧紧闭上双眼。他迷失了,没有意识到我们坐在剧场里。"

剧中人物埃斯特拉贡(Estragon)的第一句台词"什么也做不了",反映了充斥这部戏剧的麻痹般的迟钝。剧中既没有消遣也没有慰藉。当被行李压弯了腰的幸运儿套着一根长绳子上场时,波洛克崩溃了——也许是看到幸运儿脖子上的绳圈,让他想起了自己出生时差点因脐带绕颈窒息而死。露丝把他拉出了剧场。

"愤怒，因光明消逝而愤怒"

1956年8月11日晚，阿方索·奥索里奥家有一场聚会。波洛克、露丝和她的朋友伊迪丝·梅茨赫尔（Edith Metzger）挤上了那辆奥兹莫比尔车。下午，露丝和波洛克坐在他家草坪的冰川漂砾上，伊迪丝为他们拍了照。波洛克看起来醉得很厉害。

途中，波洛克感到太难受了，他决定返回。他烦躁不安，车开得很糟糕，女孩们害怕了。他被伊迪丝的尖叫惹怒，一脚把油门踩到底，在一个急转弯处车失去控制，撞上了两株小榆树。波洛克当场死亡。伊迪丝也丧了命。受了重伤的露丝成了车祸幸存者。

这场事故此前被讲述了许多遍。他的死被解读为"不顾一切的终极形象"，为这个牛仔的神话传说添枝加叶。露丝认为那是命运，是"浪漫的死亡方式"。其他人的态度则有所保留。克莱门特·格林伯格回绝了李发来的在葬礼上致悼词的邀请。他不想谈论"让女孩死掉的家伙"。葬礼上没有人致悼词。

波洛克被葬在绿河公墓（Green River Cemetery）。墓碑是一块特意挑选的15吨重的冰川漂砾，和他院子里的漂砾相配，他一直想用那块漂砾做一件雕塑。巨石的旁边有一块稍小的漂砾，那是李·克拉斯纳的墓碑。

杰克逊·波洛克的漂砾墓碑，
绿河公墓

致 谢

感谢我深爱的马修。

由衷感谢劳伦斯·金（Laurence King）呈现了这套多姿多彩的丛书，感谢唐纳德·丁威迪（Donald Dinwiddie）令人愉快的项目把控，以及他为本书付出的一切。我特别感激安格斯·海兰（Angus Hyland）提出的富有创意的看法，感激乔·莱特富特（Jo Lightfoot）的支持，感激朱莉娅·鲁克斯顿（Julia Ruxton）提供如此棒的图片资源，感激梅利莎·丹尼（Melissa Danny）在项目早期阶段极其耐心和乐观。我要感谢同事斯科特·彼得·阿克尔（Scot Peter Arkle）画了非常出色的插图。

我想感谢父母多年来给我的支持。给我爱的露露（Lulu）和萨姆（Sam）。

凯瑟琳·英格拉姆，2013

参考文献

Beckett, Samuel. *Waiting for Godot*. London: Faber and Faber, 2006.
Berman, Marshall. *All that is Solid Melts into Air: The Experience of Modernity*. London: Verso, 2010.
Guilbaut, Serge. *How New York Stole the Idea of Modern art: Abstract Expressionism, Freedom, and the Cold War*. Chicago: University of Chicago Press, 1983.
Harrison, Helen, ed. *Such Desperate Joy: Imagining Jackson Pollock*. New York: Thunder's Mouth Press, 2000.
Jung, Carl G. *Man and his Symbols*. New York: Random House, 1968.
Karmel, Pepe, ed. *Jackson Pollock: Interview, Articles, and Reviews*. New York: Museum of Modern Art, 1999.
Landau, Ellen. *Jackson Pollock*. New York: Abrams, 2005.
Levin, Gail. *Lee Krasner: A Biography*. New York: Abrams, 2011.
Melville, Herman. *Moby-Dick*. New York: Penguin, 2003.
O'Hara, Frank. *Jackson Pollock*. New York: George Braziller, 1959.
Phelan, Peggy. 'Lessons in Blindness from Samuel Beckett', in *PMLA*（*Publications of the Modern Language Association of America*）, vol. 119, no. 5（October 2004）: 1279-1288.
Polcari, Stephen. *Abstract Expressionism and the Modern Experience*. Cambridge: Cambridge University Press, 1993.
Pollock, Sylvia Winter, ed. *American Letters 1927-47: Jackson Pollock and Family*, Cambridge and Malden, MA: Polity press, 2011.
Solomon, Deborah. *Jackson Pollock: A Biography*. New York: Cooper Square Press, 2001.
Sontag, Susan. *On Photography*. New York: Penguin Classics, 2008.
Yoseloff, Tamar. *The City with Horns*. Cromer: Salt Publishing, 2011.
Toynton, Evelyn. *Jackson Pollock*. New Haven: Yale University Press, 2012.
Varnedoe, Kirk and Pepe Karmel, eds. *Jackson Pollock: New Approaches*. New York: Museum of Modern Art, 1999.
Whitman, Walt. *Leaves of Grass*. New York: Penguin, 1986.
On page 70, the lines from 'Cedar Nights' are courtesy Tamar Yoseloff and Salt Publishing.

图片版权

All works by Jackson Pollock, including those featured in the illustrations, © 2014 The Pollock-Krasner Foundation/DACS.

4 © ARS, NY and DACS, London 2014. Rudy Burckhardt, photographer. Jackson Pollock and Lee Krasner papers. Archives of American Art, Smithsonian Institution, 6 Time Life Pictures/US Air Force/Time Life Pictures/Getty Images, 11 Unidentified photographer. Jackson Pollock and Lee Krasner papers. Archives of American Art, Smithsonian Institution, 14 © Bill Ross/Corbis, 17 Photo: Smithsonian American Art Museum/Art Resource/Scala, Florence, 18 © 2013. Image copyright The Metropolitan Museum of Art/Art Resource/Scala, Florence, 22 Courtesy the Penn Museum, #NA10348, 23 © Tate, London 2011, 24 Digital Image, The Museum of Modern Art/Scala, Florence, 26 © Succession Picasso/DACS, London 2014; Photo: Art Media/Heritage Images/Scala, Florence, 29 Everett Collection/Rex Features, 32 DeAgostini Picture Library, Scala, Florence, 34 Solomon R. Guggenheim Foundation. Photo Archivio CameraphotoEpoche. Gift, Cassa di Risparmio di Venezia, 42 Martha Holmes/Time Life Pictures/Getty Images, 45 Digital Image, The Museum of Modern Art, New York/Scala, Florence, 46 Everett Collection/Rex Features, 50, 55 Digital Image, The Museum of Modern Art, New York/Scala, Florence, 58 Arnold Newman/Getty Images, 62 Image copyright The Metropolitan Museum of Art/Art Resource/Scala, Florence, 68 © Cecil Beaton/Condé Nast Archive/Corbis, 79 Gordon M. Grant/The New York Times/Redux/Eyevine.

文字作者

凯瑟琳·英格拉姆（Catherine Ingram），一位自由职业的艺术史研究者。她在格拉斯哥大学取得一等荣誉学士学位，在考陶尔德艺术学院取得硕士学位，在牛津大学圣三一学院取得博士学位，之后获得了牛津大学莫德林学院的奖学金。凯瑟琳曾在佳士得教授过硕士课程，也曾在帝国理工学院给本科生开设艺术史课。她也在泰特美术馆开课，在南伦敦画廊担任私人助理。她和家人一起住在伦敦。

插图作者

彼得·阿克尔（Peter Arkle）为书籍、杂志和广告绘制插画，拥有众多客户，其中包括国际特赦组织、《纽约客》、《纽约时报》、安努克威士忌、《卫报》《老爷》和IBM。他拥有一个网上画廊peterarkle.com，在上面不定期发表《彼得·阿克尔新闻》，内容为日常生活故事和速写。彼得是苏格兰人，现在纽约生活和工作。

中文译者

殷俊洁，1984年出生于湖南岳阳，2007年毕业于中央美术学院人文学院，2011年在该校获硕士学位。2011年至2012年任职北京《颂雅风·艺术月刊》编辑，2013年至2016年任职上海华府艺术空间艺术管理，现为自由职业者。曾翻译出版《大人物（12位伟大的艺术家）》（合译）、《你为什么看不懂现代艺术》、《伦敦艺术指南》等。